독특한 예술 세계를 이뤄 낸 사람들

한석봉

권미자 글 · 김광배 그림

호가 서당에서 글공부를 하던 어느 날이었어요.
"자, 오늘은 천자문을 써 보도록 하자!"
아이들은 종이와 먹, 벼루 등을 챙기기 시작했어요.
"글씨는 자기의 마음과 같다. 마음이 곧고 올발라야지만 바른 글씨를 쓸 수 있느니라."
훈장님은 이리저리 글씨 쓰는 아이들을 둘러보았어요.
"오호, 그래 아주 잘 썼구나!"
훈장님은 호의 글씨를 보고 칭찬해 주었어요. 아이들은 글씨를 쓰다 말고 호의 글씨를 보려고 우르르 몰려들었답니다.
"우와, 정말 잘 썼다!"
아이들도 호의 글씨를 보며 부러워했어요.
"더욱 열심히 글씨 공부를 해서 조선 제일의 명필이 되거라."
훈장님은 호에게 칭찬과 격려를 아끼지 않았어요.

*명필: 글씨를 잘 쓰는 것으로 이름난 사람을 말해요.

호의 집은 무척 가난했어요. 아버지는 일찍 돌아가시고
어머니가 떡을 팔아 겨우겨우 살아갔지요.
'그래, 오늘은 어머니가 오실 때까지 글씨 연습이나 좀 해 볼까!'
호는 종이 대신 바위에 글씨 연습을 했어요.
그런데 갑자기 호가 글씨 공부를 하지 않는 거예요.
어머니는 그런 호가 걱정되었어요.
"호야, 왜 글씨 연습을 하지 않느냐?"

"어머니, 이제 저는 명필이 되었는걸요."
"그게 대체 무슨 소리냐?"
"사람들이 저보고 명필이라고 하는 소리를 들었어요.
앞으로는 제가 어머니를 편히 모시겠어요."
어머니는 호의 말에 아무 말도 하지 않았답니다.
며칠 후, 어머니는 호를 데리고 산 속에 있는 절을 찾아갔어요.

"오늘부터 스님 곁에서 열심히 공부하거라."
"어머니, 제가 잘못했습니다. 부디 용서해 주시고
다시 집으로 가게 해 주세요."
호는 울먹이면서 말했어요.
하지만 어머니는 굳게 마음먹었어요.
"공부가 끝나기 전에는 절대로 돌아오지 말아라."
어머니는 스님에게 호를 맡겼어요.
호는 혼자 집으로 돌아가는
어머니를 보며 결심했답니다.
'그래, 열심히 해서 꼭 훌륭한 명필이 되어야지.
그래서 어머니를 기쁘게 해 드릴 테야.'
호를 두고 집으로 돌아가는 어머니의 마음도
몹시 아팠답니다.

절에 들어온 지 삼 년이 지난 어느 날, 호는 어머니가 몹시 보고 싶었어요. 그래서 한밤중에 집에 돌아왔어요.
"어머니, 접니다. 호가 왔어요."
하지만 방 안에서 떡을 썰고 있던 어머니는 호를 하나도 반기지 않았어요.
"어머니의 아들 호가 공부를 마치고 돌아왔습니다."
"네가 공부를 마쳤다니, 어디 그 솜씨를 좀 보자꾸나. 등잔불을 끄고 나는 떡을 썰 테니 너는 글을 쓰거라."
말을 마친 어머니는 등잔불을 끄고 떡을 썰기 시작했어요. 어머니가 등잔불을 켠 순간, 호는 부끄러워 고개를 들 수 없었답니다. 어머니의 떡은 크기와 모양이 똑같았는데, 자기의 글씨는 삐뚤삐뚤 춤을 추는 게 아니겠어요?

"이게 명필이 쓴 글씨냐?"
"부끄럽습니다, 어머니."
"밥상 차려 올 테니, 먹고 바로 떠나거라."
"네, 어머니."
호는 그 길로 다시 절로 돌아갔어요.
'아, 그 동안 나의 공부는 모두 헛일이었구나! 어머니의 마음이 얼마나 아프셨을까?'

호는 주먹을 불끈 쥐고 열심히 공부해야겠다고
다짐하고 또 다짐했어요.
호가 절에 도착했을 때는 이미 날이 밝았어요.
'그래, 이제 절대로 게으름을 피우지 말자!'
절에서 다시 공부를 시작한 호는 벼루에 구멍이
날 때까지 글씨를 쓰고 또 썼답니다.

어느 날, 호는 볼일이 있어 시장에 갔어요.
어디선가 소년 하나가 달려오더니 기름집 앞에서
소리쳤어요.
"아저씨, 참기름 닷 푼어치만 주세요."
그러자 기름집 위에 있는 다락방 문이 열리더니
주인인 듯한 사람이 나타났어요.
주인은 참기름 항아리를 쳐들며 말했어요.
"닷 푼어치라 했느냐?"
"네, 아저씨."
그런데 놀랍게도 주인은
한 방울도 떨어뜨리지 않고
소년의 기름병에 참기름을 따랐어요.
'참으로 놀라운 솜씨로구나!
저 기름집 주인은 얼마나
오랜 세월 저 일을 해 온
것일까! 나는 아직도 멀었구나!'
그 후 호는 전보다 더욱
글씨 공부에 매달렸답니다.

어느덧 호가 절에 들어온 지 십 년이 되었어요.
"이젠 세상으로 나가 네 글씨를 알릴 때가 된 것 같구나! 내가 너의 호를 하나 지었다. '석봉'이라고 지었는데, 마음에 드느냐?"
"스님, 정말 감사합니다. 이 은혜는 죽어도 잊지 않겠습니다."
한석봉은 스님에게 절을 올리고 한걸음에 집으로 달려왔어요.
"어머니, 호가 돌아왔습니다."
한석봉은 어머니가 보고 싶은 마음에 크게 소리쳤어요.
"오냐, 어서 오느라. 그 동안 고생이 많았다."
듬직한 청년이 된 아들을 안고 어머니는 기쁨의 눈물을 흘렸어요.

* 호 : 화가나 글 쓰는 사람들이 따로 지어 부르는 이름이에요.

"호가 명필이 되어 돌아왔다!"
친구들은 한석봉의 글씨를 보기 위해 너도나도
몰려들었어요. 한석봉이 한 자 한 자 써 내려갈 때마다
친구들의 입은 크게 벌어졌답니다.
"이처럼 훌륭한 글씨는 본 일이 없어!"
"이야, 정말 대단하다!"
"이 정도의 글씨면 과거 시험에 합격할 수 있을 거야!"
한석봉은 과거 시험을 치르기로 결심했어요. 그래서
온 힘을 다하여 과거 시험 공부를 했지요.
1567년, 드디어 한석봉은 과거 시험을 치르게 되었어요.
한석봉은 그 동안 갈고 닦은 솜씨로 글씨를 훌륭하게
써 내려갔어요.

"오호, 참으로 놀라운 솜씨로구나!"
임금님은 한석봉의 글씨를 보고 한동안 입을 다물지 못했어요.
한석봉은 과거 시험에서 뛰어난 솜씨를 인정받아 일등으로 뽑혔어요. 과거 시험에 합격한 한석봉은 어머니에게 달려가 큰절을 올리며 눈물을 흘렸어요.

"그래, 그 동안 고생이 많았구나!"
"아닙니다, 어머니. 이 모두가 어머니 덕분입니다."
한석봉과 어머니는 너무나 기뻐 눈물만 흘렸답니다.
"장원이에요, 장원. 호가 장원을 했다네요."
동네 사람들은 모두 한석봉의 집으로 몰려와 축하해 주었어요.

한석봉은 나라의 중요한 문서를 다루는 일을 맡게 되었어요.
그러면서 이름난 사람들의 글씨를 연구하여, 좋은 점을
그대로 흉내내지 않고 완전히 새로운 글씨를 만들어 냈어요.
"임금님께서 한석봉을 중국으로 보낸다지요?"
"그렇다는군요. 글씨 쓰는 잔치에서 한석봉의 글씨를
사람들에게 선보인다는군요."
한석봉은 궁궐 안에서도 아주 유명한 사람이 되었어요.
어느 날, 한석봉은 사자관이 되어 사신들과 중국으로 떠났어요.
한석봉은 어느 부잣집에서 열린 글씨 뽐내는
잔치에서 중국 사람들을 놀라게 했어요.
"오호, 정말 훌륭한 솜씨예요!"
"대단한 솜씨야!"

*사자관 : 조선 시대의 벼슬 이름이에요.

이제 한석봉의 이름은 중국에까지 널리 알려지게 되었어요.
마침내 중국의 황제도 한석봉의 글씨를 보게 되었지요.
"폐하, 이것이 명필이라고 소문난 조선 한석봉의 글씨이옵니다."
"아니, 조선에 이런 명필이 있었다니! 중국의 명필 왕희지와
겨룰 만한 솜씨로다!"
중국의 황제도 한석봉의 글씨를 보고 칭찬을 아끼지 않았어요.
중국 사람들은 다투어 한석봉을 찾아왔어요.
"당신의 글씨를 사고 싶습니다. 돈은 얼마든지 드릴 테니
한 장만 부탁합니다."
"내 전 재산을 드릴 테니 나도 한 장 주시오!"
중국 사람들은 어떻게든 한석봉의 글씨를 얻어 가려고 했어요.
한석봉의 글씨는 비싼 값에 팔려 나갔답니다.

*왕희지 : 중국에서 가장 글씨를 잘 쓰는 사람이에요.

임금님도 한석봉의 글씨를 아껴서 궁 안에 걸어 두고 아침저녁으로 바라보았어요.
"마치 목마른 말이 물을 찾아 달려가는 것 같다."
그만큼 글씨가 힘이 있고, 살아 움직인다는 뜻이에요.
"전하, 소신의 솜씨를 그렇게 칭찬해 주시니 몸둘 바를 모르겠사옵니다."

임금님은 한석봉의 글씨를 다음 세대에까지 오래도록 전하고 싶었어요.
"한석봉은 나라의 보물이 되는 솜씨를 가졌느니라. 편한 마음으로 글씨를 쓸 수 있도록 하게 하라."
임금님은 한석봉에게 많은 일을 맡기지 않고, 조용한 가평 고을의 군수로 보내 열심히 글씨만 쓰게 했답니다.

한석봉이 가평으로 내려가자,
고을 사람들은 모두
기뻐했어요.
"우리 마을에 조선
최고의 명필이 오셨다!"
군수가 된 한석봉은 가난한 사람들에게
정성스럽게 글씨를 써 주곤 했어요.
아이들에게는 직접 종이와 붓을 나누어 주며
글씨 쓰는 법을 가르쳐 주었지요.
"저 글씨 좀 보세요. 우리 나라
최고의 글씨래요. 믿기지 않아요.
우리 군수님이 조선 최고의
명필이라니!"
사람들은 한석봉의 글씨를
볼 때마다 그의 바른 마음을
읽을 수 있었어요.

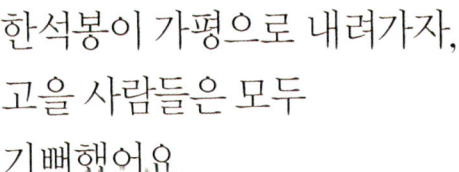

한석봉은 늘 바른 마음과 바른 자세로 글씨를 썼어요.
그러던 어느 날, 한석봉은 깊은 병이 들고 말았어요.
"영감, 이제 좀 쉬는 것이 좋겠습니다."
"아니오. 임금님께서 내게 좋은 글씨를 쓸 수 있도록 배려해 주시는데 게으름을 피운다는 것은 말도 안 되오."
한석봉은 잠시도 손에서 붓을 놓지 않았어요.
그 소식을 듣고 걱정이 된 임금님이 귀한 약을 지어 보내 주었지만, 한석봉은 결국 세상을 떠나고 말았어요.
한석봉의 나이 예순세 살 때였지요.
조선 최고의 명필 한석봉!
한석봉은 오래 전에 죽고 없지만, 그의 글씨는 지금까지 우리 곁에 남아 살아 숨쉬고 있답니다.

한석봉의 발자취

(1543 ~ 1605년)

1543년	경기도 개성에서 태어남
1545년	아버지가 세상을 떠남
1547년	할아버지에게 천자문과 글씨를 배우기 시작함
1550년	서당에 다님
1554년	글씨 공부를 하러 절에 들어감
1567년	진사 시험에 합격함
1592년	임진왜란이 일어나자, 왕 가까이에서 명나라에 구원병을 요청하는 외교 문서를 작성함
1598년	명나라에 사신으로 가서 명나라 명필들 앞에서 글씨를 써 보임

▲ 등잔불을 끄고 어머니는 떡을 썰고 한석봉은 글씨를 쓰는 모습

▲ 한석봉이 쓴 〈천자문〉

1599년   가평 군수가 됨
1604년   흡곡 현령을 지냄
1605년   세상을 떠남

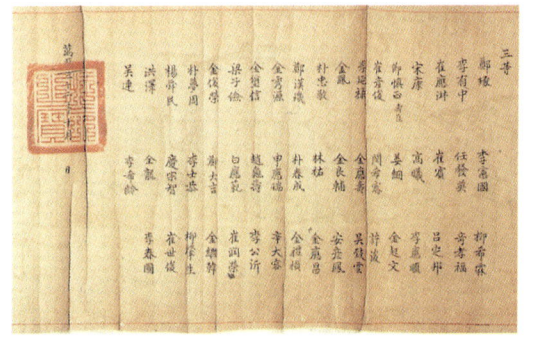

▲ 한석봉이 쓴 해서

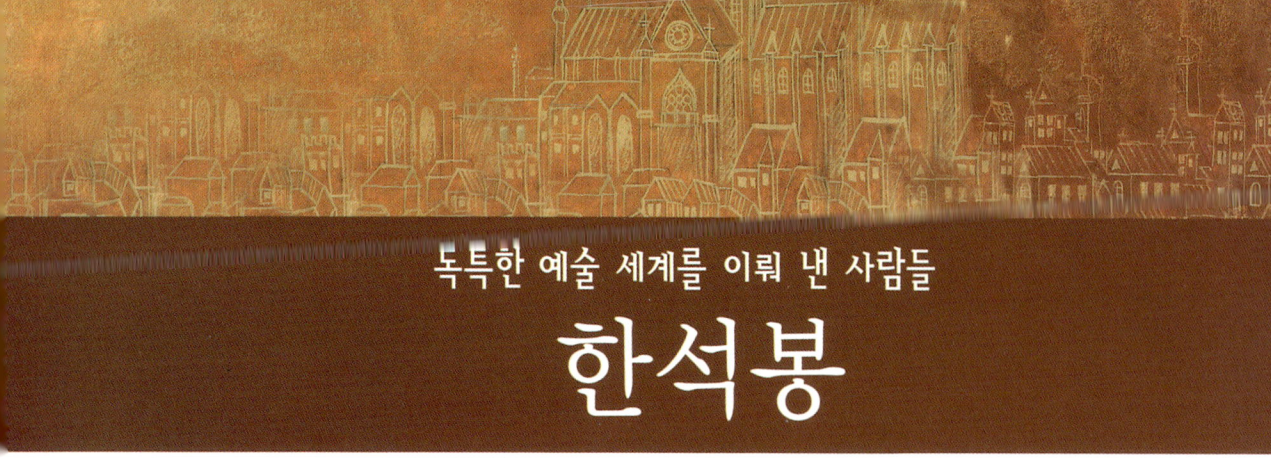

독특한 예술 세계를 이뤄 낸 사람들
한석봉

중국에서도 크게 칭찬받은 서예가 한석봉

　조선 시대의 명필로 우리 나라 서예 역사에 커다란 발자취를 남긴 한호가 바로 한석봉이에요. 한석봉은 왕희지체를 바탕으로 끊임없는 노력을 통해 독특한 석봉체를 이루어 냈어요. 나라의 주요 문서를 작성하는 사자관의 효시가 되어 그 시대의 서예 발전과 보급에 큰 공을 세웠어요. 그는 선조 임금의 특별한 사랑을 받아 임진왜란 중에는 외교 문서를 도맡아 썼다고 해요. 한석봉의 서체는 외형의 미를 지나치게 밝히는 경향이 있으나 석봉체를 따르는 사람들이 많았답니다. 특히 왕의 명령으로 쓴 '해서천자문'은 석봉체를 알리는 데 중요한 역할을 하였고, 중국에까지도 알려져서 크게 칭찬을받기도 했어요.
　석봉체는 왕실을 비롯하여 시골에서 공부하는 아이들에 이르기까지 널리 알려졌답니다.